JN344208

글 박성우

1971년 전북 정읍에서 태어났습니다. 2000년 중앙일보 신춘문예에 시가 당선되고, 2006년 한국일보 신춘문예에 동시가 당선되며 작품 활동을 시작했습니다. 시집 『거미』 『가뜬한 잠』 『자두나무 정류장』 『웃는 연습』, 동시집 『불량 꽃게』 『우리 집 한 바퀴』 『동물 학교 한 바퀴』, 청소년시집 『난 빨강』 『사과가 필요해』, 산문집 『박성우 시인의 창문 엽서』, 어린이책 『아홉 살 마음 사전』, 그림책 『암흑 식당』을 냈습니다.

그림 김효은

대학에서 섬유디자인을 전공했고 입필미래그림연구소에서 공부했습니다. 그동안 그림책 『나는 지하철입니다』를 쓰고 그렸고, 『기찬 딸』 『비 오는 날에』 『별이 뜨는 꽃담』 『우리가 걸어가면 길이 됩니다』 『민지와 다람쥐』 『내 모자야』 『오빠와 나』 『앵그리 병두의 기똥찬 크리스마스』 『아홉 살 마음 사전』 등에 그림을 그렸습니다.

아홉 살 함께 사전

2018년 2월 20일 초판 1쇄 발행
2025년 7월 1일 초판 44쇄 발행

글쓴이 박성우 • 그린이 김효은 • 펴낸이 염종선 • 책임편집 유병록 • 디자인 반서윤 • 조판 신혜원
펴낸곳 (주)창비 • 등록 1986. 8. 5. 제85호 • 제조국 대한민국 • 주소 10881 경기도 파주시 회동길 184
전화 031-955-3333 • 팩스 031-955-3399(영업) 031-955-3400(편집)
홈페이지 www.changbikids.com • 전자우편 enfant@changbi.com

ⓒ 박성우, 김효은 2018
ISBN 978-89-364-4721-2 73710

- 이 책 내용의 일부 또는 전부를 재사용하려면 반드시 저작권자와 창비 양측의 동의를 받아야 합니다.
- 책값은 뒤표지에 표시되어 있습니다. • KC마크는 이 제품이 공통안전기준에 적합하였음을 의미합니다.
- 사용 연령: 5세 이상 • 종이에 베이거나 긁히지 않도록 주의하세요.

아홉 살 함께 사전

박성우 글 | 김효은 그림

함께 사전 사용법 🦋

다른 사람과 관계를 맺는 일은 어렵습니다. 서로 소통하는 과정에서 사용되는 다양한 표현을 제대로 알지 못하고 알맞게 쓰지 못한다면 관계를 맺는 데 어려움을 겪거나 함께하는 것을 힘들어할 수 있습니다.

『아홉 살 함께 사전』은 '가까이하다'부터 '화해하다'까지 다른 사람과의 관계에서 활용되는 말 80개를 가나다순으로 소개한 책입니다. 의사소통 과정에 필요한 표현을 그림과 함께 보여 주면서 그 뜻을 이해할 수 있도록 했습니다.

다른 사람과의 관계에서 내 움직임을 표현하는 말

움직임을 표현하는 말의 뜻

표현을 활용할 만한 상황

같은 말을 활용할 수 있는 상황들

차례

함께 사전 사용법 · 2

ㄱ-ㄴ

가까이하다 · 6
감싸다 · 8
거절하다 · 10
겨루다 · 12
고마워하다 · 14
기다리다 · 16
기억하다 · 18
끼어들다 · 20
나누다 · 22
놀다 · 24
놀리다 · 26

ㄷ

다투다 · 28
달래다 · 30
대꾸하다 · 32
대접하다 · 34
돌보다 · 36
돕다 · 38
들어주다 · 40
따라다니다 · 42
따지다 · 44
떼쓰다 · 46

ㅁ-ㅂ

마주치다 · 48
만나다 · 50
뭉치다 · 52
미루다 · 54
미워하다 · 56
믿다 · 58
바라다 · 60
반대하다 · 62
반하다 · 64
방해하다 · 66
배우다 · 68
부추기다 · 70
부축하다 · 72
부탁하다 · 74
비꼬다 · 76
빌리다 · 78
뽐내다 · 80
삐치다 · 82

ㅅ

사과하다 · 84
사귀다 · 86
상의하다 · 88
샘내다 · 90
설득하다 · 92
속삭이다 · 94
속이다 · 96
손잡다 · 98
숨기다 · 100

ㅇ

아끼다 · 102
약속하다 · 104
양보하다 · 106
얕보다 · 108
어울리다 · 110
오해하다 · 112
요구하다 · 114
용서하다 · 116
우기다 · 118
울리다 · 120
웃기다 · 122
위로하다 · 124
응원하다 · 126
의심하다 · 128
이해하다 · 130
인사하다 · 132
인정하다 · 134

ㅈ-ㅊ

자랑하다 · 136
잡아떼다 · 138
전달하다 · 140
조르다 · 142
좋아하다 · 144
주고받다 · 146
찬성하다 · 148
참다 · 150
칭찬하다 · 152

ㅌ-ㅎ

탓하다 · 154
털어놓다 · 156
피하다 · 158
함께하다 · 160
헤어지다 · 162
화해하다 · 164

가까이해

쉬는 시간에 화장실 갈 때도 같이 가고 싶어.
"나 화장실 갈 건데 넌 안 갈 거니?"

친하게 지내다. **가까이하다**

일요일에 놀이터에서 친구와 만나
같이 시소를 타면서 놀기.

단짝이랑 문방구에 같이 가기.
"뭐 갖고 싶은 거 없어? 이번엔 내가 사 줄게."

친구와 아침마다 만나서 학교에 같이 가기.
"오래 기다렸지? 미안해, 늦게 나와서."
"아니야, 괜찮아. 나도 방금 왔어!"

감싸

"친구니까 같이 해야지!"
공을 좀 못 차는 친구에게 함께 축구를 하자고 했어.

약점이나 잘못을 덮어 주다. **감싸다**

"아무도 안 한다고 해서 윤솔이가 우리 대신 한 거잖아!"
발표를 별로 잘하지 못한 친구를 편들어 주기.

자기 때문에 내가 넘어졌다고 미안해하는 친구에게
다치지 않았으니까 괜찮다고 말하기.

"너 때문에 우리 반이 줄넘기 대회에서 꼴찌 했잖아."
"얘는 아파서 연습을 못 했잖아."
몸이 약한 짝의 편을 들어 주기.

거절해

"차가 안 와도 빨간불에 길을 건너면 안 돼!"

빨간불이라서 길을 건너지 않았어.

제안이나 의견을 받아들이지 않다. **거절하다**

"야, 우리끼리 물놀이 가자!"
"안 돼. 물놀이는 어른이랑 같이 가야 해!"
엄마, 아빠가 걱정할 일을 하지 않기.

과자를 사 먹자는 형의 말을 듣지 않고 용돈을 저금통에 넣기.

"아저씨가 맛있는 거 사 줄 테니 차에 탈래?"
"아니요. 안 타요."
모르는 사람이 하자는 대로 하지 않기.

겨뤄

친구랑 풍선껌 크게 불기 시합을 했어.
"너, 코에 껌 붙었다."

누가 더 나은가를 다투다.　**겨루다**

"나한테 안 된다니까!"
지는 사람이 외할머니에게 안마해 드리기로 하고
외삼촌과 윷놀이하기.

🦋

우리 반 친구들과 함께 옆 반하고 축구 시합을 하기.

🦋

친구랑 누가 더 멀리 뛰는지 알아보려고
운동장 모래밭에서 멀리뛰기 하기.

고마워해

강아지를 찾아 준 경찰 아저씨에게
고개 숙여 인사했어.

남의 도움이나 친절에 대해 흐뭇하고 즐겁게 여기다.　**고마워하다**

내가 발을 다쳤다고 가방을 들어 준 친구에게
과자 나누어 주기.

만들기 숙제를 할 때 어려운 부분을 도와준 오빠에게
정말 멋지다고 말해 주기.

손톱을 깎아 준 아빠의 어깨를 주물러 주기.

기다려

'어린이날이 며칠 남았지?'

출장 간 아빠가 어린이날 전에 오면 좋겠다고 생각했어.

어떤 사람이나 때가 오기를 바라다.   **기다리다**

손가락을 하나씩 구부리며
방학하는 날이 얼마나 남았나 세어 보기.
'하고 싶은 게 진짜 많아.'

'언제쯤 오려나.'
정류장에서 버스가 오는 쪽을 자꾸 바라보기.

'아빠가 무슨 선물을 사 줄까?'
크리스마스가 며칠 남았는지 헤아려 보기.

기억해

'1년 사이에 내가 이렇게 많이 컸나?'

할머니랑 같이 학교에 왔던 입학식 날이 떠오르네.

머릿속에 새겨 두거나 되살려 생각해 내다.　**기억하다**

"아, 그때 동민이가 찾아 줬지."
친구가 신발주머니 찾아 준 걸 잊지 않기.

아침에 짝꿍한테 빌렸던 연필을
수업이 끝날 때 챙겨서 돌려주기.

'맞다! 의자 위에 올라서지 말랬지.'
엄마가 하지 말라고 한 것을 생각해 내기.
"아빠, 책꽂이 위에 있는 모자 좀 내려 주세요."

끼어들어

엄마와 아빠가 중요한 얘기를 하는데
그 사이에서 아무 말이나 막 했어.

사이를 비집고 들어서거나 참견하고 나서다.　**끼어들다**

줄 서 있는 친구들을 아랑곳하지 않고
먼저 급식을 받으려고 나서기.

"야, 빨간색이 아니라 노란색을 칠해야지."
그림을 그리는 동생에게
이 색을 칠해라 저 색을 칠해라 말하기.

"야, 휙 던지고 휙 받아야지."
공기놀이를 하는 친구 옆에서 이래라저래라 말하기.

나눠

"큰 거 너 먹어!"

초콜릿을 반으로 잘라서 친구랑 같이 먹었어.

몫을 가르거나 음식을 함께 먹다. **나누다**

"옆집 사는 다빈이예요!"

우리 집에서 담근 김치를 들고 옆집 초인종을 누르기.

연필 여섯 자루를

동생 세 자루, 나 세 자루 갖기.

"너 한 번, 나 한 번!"

친구랑 같이 팥빙수를 사이좋게 먹기.

놀아

친구랑 놀이터에서 미끄럼틀을 탔어.

재미있는 일을 하며 즐겁게 지내다.   놀다

"오빠, 튜브랑 구명조끼 챙겼어?"
여름에 사촌들과 바닷가에 가서 물장구치기.

"그거 진짜야?"
쉬는 시간에 짝꿍이랑 수다 떨기.

'좀 어지러울 것 같은데!'
놀이공원에 가서 엄마, 아빠랑 놀이 기구 타기.

놀려

친구가 기분 나빠 하는 말을 하고 말았어.

짓궂게 굴거나 흉을 보다. **놀리다**

"너, 바지에 오줌 쌌다며?"
친구 흉을 보는 나쁜 행동 하기.

"구구단도 못 외우는 게 까불고 있어!"
구구단 좀 외운다고 친구 앞에서 우쭐대기.

"넌 김치 못 먹지?"
매운 걸 못 먹는 친구 앞에서
기분 나쁘게 깔깔거리며 웃기.

다퉈

옆 반이랑 축구 시합을 할 때
친구들이 서로 공격을 하겠다고 소리를 쳤어.
'그럼 수비는 누가 하지?'

서로 자기가 이기거나 앞서려고 싸우다. **다투다**

"이거 원래 내 거라니까!"

장난감을 서로 가지고 놀겠다고 동생이랑 싸우기.

한 조각 남은 피자를 자기가 먹겠다고

형이랑 서로 밀치기.

"네가 먼저 나쁜 말 했잖아!"

"무슨 소리야? 네가 먼저 날 건드렸잖아!"

친구끼리 서로 소리치기.

달래

우는 동생을 웃겨서 울음을 멈추게 했지.

기분이 좋아지게 어르거나 타이르다. **달래다**

"하나도 안 아플 거야!"
주사를 무서워하는 동생을 다독이기.

🦋

텔레비전 많이 본다고 혼난 동생에게
엄청 재미있게 놀아 주겠다고 말하기.

🦋

"이거 한 숟가락만 더 먹자."
밥 안 먹겠다는 동생을 냠냠 맛있게 밥 먹게 하기.

대꾸해

"제가 보기에는 깨끗하기만 한데요?"

방이 더럽다는 엄마한테 청소를 안 하겠다고 말했지.

남이 하는 말을 듣고서 자기 생각을 말하다. **대꾸하다**

가족 여행을 산으로 가자는 아빠의 말에

나는 바다가 보고 싶다고 말하기.

가을은 책을 읽기에도 좋지만

놀기에도 좋은 계절이라고 엄마한테 말하기.

"나쁜 말 하면 안 돼."

친구의 말이 잘못되었다고 또박또박 말하기.

대접해

맛있는 쿠키를 예쁜 접시에 담아서
집에 놀러 온 친구들 앞에 내놓았어.

음식을 차려서 내놓다. **대접하다**

"이거 먹고 가!"
심부름하러 온 옆집 동생에게 내 과자를 내주기.

음료수를 컵에 따라서
벽지를 바르러 온 아저씨에게 드리기.

'어떡하지? 엄마는 시장에 가고 없는데.'
냉장고에서 딸기를 꺼내서
집에 놀러 온 외할머니에게 드리기.

돌봐

아파트 주차장에 사는 새끼 고양이에게

먹을 것을 가져다주었어.

관심을 가지고 돕거나 보살피다. **돌보다**

감기에 걸린 동생이
열이 나는지 안 나는지 살펴보기.

이모가 며칠 동안 맡긴 강아지에게 간식 주기.

이불을 자꾸 차 내는 동생이 잘 자도록
이불을 덮어 주기.

도와

할아버지가 끌고 가는 손수레를

뒤에서 힘껏 밀어 드렸어.

일이 잘 이루어지도록 힘을 보태다.   돕다

아빠가 쓰레기를 버리러 갈 때

재활용품 들고 따라나서기.

용돈을 아껴 불우 이웃 돕기 성금을 내기.

"저도 같이 할게요!"

할아버지, 할머니 옆에 앉아서

이야기를 들으며 깻잎 다듬기.

들어줘

숙제를 하느라 바쁘다고 부탁을 해서

누나 대신 방바닥을 쓸었어.

이루어질 수 있도록 받아들이다. **들어주다**

친구가 밖에서 놀고 싶다고 말해서
놀이터에서 함께 배드민턴 치기.

🌱

국수를 먹으러 가자는 엄마를 따라나서기.
"진짜 맛있다!"

🌱

"딱 한 판만이야!"
동생이 하고 싶어 하는 카드놀이를 한 번 더 하기.

따라다녀

엄마가 시장에 가면 나도 시장에 가고

엄마가 미용실에 가면 나도 미용실에 가고…….

남의 뒤를 쫓아서 여기저기 다니다. **따라다니다**

"이번에는 식탁 밑으로 가는군."
고양이 초롱이가 가는 곳마다 같이 가기.

형이 놀이터에 가면 나도 놀이터로 가고
형이 문방구에 가면 나도 문방구로 가기.

"아빠, 나도 갈래."
마트에 가는 아빠를 뒤쫓아 가기.

따져

방금 내가 심부름을 했으니까

이번에는 누나가 심부름해야 한다고 말했지.

꼼꼼히 살피거나 옳고 그른 것을 밝히다. `따지다`

"내가 왜 가져와야 해?"

오빠한테 필요한 가위는 오빠가 가져다 쓰라고 말하기.

나 때문에 물이 엎질러졌다는 언니에게

언니 잘못이라고 말하기.

내가 장난쳐서 넘어졌다는 형에게

형이 미끄러져서 넘어진 거라고 말하기.

떼써

놀이공원에 데려가지 않으면

밥을 먹지 않겠다고 씩씩거리며 말해 버렸어.

들어주기 어려운 일을 해 달라고 고집하다. **떼쓰다**

장난감을 사 줘야
아빠, 엄마 말을 잘 듣겠다고 고집 피우기.

추운 겨울날
겉옷을 입지 않고 학교에 가겠다고 말하기.

새로 나온 입체 스티커를 사 주지 않으면
구구단을 외우지 않겠다고 버티기.

마주쳐

"여기서 또 보네!"
시장에 갔다가 짝꿍을 만났어.

우연히 서로 만나다.　　마주치다

친구네 집에서 놀다 오다가
약국 앞에서 아빠를 우연히 만나기.

텔레비전에서 보던 개그맨을
엄마, 아빠랑 간 식당에서 우연히 보기.
"사인 좀 해 주세요."

"진짜 오랜만이다!"
버스 정류장에서 유치원 때 친구를 만나기.

만나

개학 날 학교에 가서 친구들과 인사했지.

오가다가 또는 일부러 서로 마주 대하다. **만나다**

"엄마, 외할머니 생일이야?"

큰이모네 식구와 외할머니 댁에 모여 함께하기.

"몇 시까지 나가?"

"음, 지금 나와!"

아파트 입구에서 기다리는 친구와 반갑게 보기.

"어, 벌써 왔네?"

아빠 친구네 가족을 캠핑장에서 보기.

뭉쳐

우주인과 연락을 주고받기로 하고
친구들과 함께 방법을 찾기로 했어.

힘이나 뜻을 하나로 모으다.　**뭉치다**

단체 줄넘기 대회에 나가기 위해
반 친구들과 함께 운동장에 모여 연습하기.

"우리, 같이 구구단을 외워 보자!"
친구랑 매일 구구단 연습하기.

"분명 이 근처에 있을 거야."
같은 아파트에 사는 친구들과
놀이터에 모여서 보물을 찾아보기.

미뤄

누나에게 만들기 숙제를 대신 해 달라고 했지.
"누나는 너보다 할 일이 많단 말이야!"

일이나 시간을 늦추거나 일을 남에게 넘기다. **미루다**

"아, 씻는 거 정말 귀찮아!"
오늘 하기로 한 목욕을 내일 하겠다고 말하기.

"와, 방학이다! 일단 놀고 보자!"
방학이 끝날 때까지 숙제를 하지 않기.

내가 어지른 책상을 엄마에게 치워 달라고 하기.

미워해

이번에는 욕심쟁이 동생에게

아이스크림을 나눠 주지 않았어.

다른 사람을 밉게 여기다. `미워하다`

잘난 체하는 친구를

생일 파티에 초대하지 않기.

나를 자꾸 괴롭히는 짝꿍에게

지우개를 빌려주지 않기.

친구들을 못살게 구는 아이랑

같이 놀지 않기.

믿어

설날에 받은 세뱃돈을 엄마한테 맡겼어.
"넌 잘 잃어버리니까 엄마가 맡아 줄게."

따르고 의지하며 든든하게 여기다. **믿다**

"이거 소문내면 절대로 안 돼."
친구에게 비밀 이야기하기.

"우리 선생님이 제일 좋아!"
담임 선생님을 잘 따르기.

'할머니, 우리 할머니.'
나를 키워 주는 할머니의 말을 잘 듣기.

바라

내가 좋아하는 친구의 생일 파티에

꼭 초대받았으면 좋겠어.

어떤 일이 이루어지길 기대하다. **바라다**

엄마, 아빠가 어린이날 선물로
자전거를 사 줬으면 좋겠다고 소원 빌기.

"꼭 연락해야 해."
전학 가는 친구가 새 학교에서도 잘 지내기를 응원하기.

열심히 준비한 만들기 숙제로
선생님에게 칭찬을 받았으면 하고 생각하기.

반대해

다친 고양이를 직접 구하자는 친구에게

위험하니까 어른에게 도움을 요청해야 한다고 말했어.

다른 사람의 의견에 따르지 않고 맞서다.   **반대하다**

앵무새를 키우자는 아빠한테

나는 강아지를 키우고 싶다고 말하기.

"여름에는 수영장이지!"

일요일에 놀이공원으로 놀러 가자는 엄마한테

이번에는 수영장에 가자고 말하기.

"야, 여기 개미 진짜 많다."

개미를 잡겠다고 나서는 친구를 말리기.

반해

'와, 멋지다.'

야구를 잘하는 준범이를 계속 바라보았어.

마음이 홀린 듯이 이끌리다.　**반하다**

학예회 때 나비넥타이를 하고 바이올린을 켜던
정민이 모습이 자꾸 떠올라 어쩔 줄 몰라 하기.

"벌써 몇 판째지?"
공기놀이를 잘하는 가영이를 계속 쳐다보기.

좋아하는 애가 생겨서 아침 일찍 학교에 가기.

방해해

"맛있는 거 먹으러 가요, 빨리!"
아빠가 낮잠을 못 자게 쿵쾅쿵쾅 뛰어다녔어.

일을 제대로 하지 못하도록 하다.   **방해하다**

"왜 형만 계속해?"

컴퓨터 게임을 하는 형의 팔을 툭툭 건드리기.

"이랴, 이랴!"

책 읽는 아빠의 등에 올라 말타기하기.

"이건 나만 탈 거야!"

다른 애들이 미끄럼틀을 타지 못하게

계단에 앉아 길을 막기.

배워

외할아버지가 친절하게 가르쳐 줘서
윷놀이를 할 줄 알게 되었어.

지식을 얻거나 기술을 익히다.　배우다

아직은 잘 못하지만
엄마가 가르쳐 주는 대로 종이접기 따라 하기.

"와, 이거 진짜 재밌는데!"
삼촌이 알려 주는 대로 오목을 두어 보기.

틀리지 않고 불 때까지 리코더 연습을 하기.

부추겨

숙제하겠다는 친구한테 놀러 나가자고 했어.

남을 들쑤셔 어떤 일을 하게 만들다. `부추기다`

"야, 내가 엄청 맛있는 집을 찾았어."

피아노 학원에 가는 친구를 꾀어 군것질하러 가기.

"색연필은 나중에 사도 돼!"

친구한테 색연필 살 돈으로 아이스크림을 사 먹자고 하기.

일찍 집에 간다는 친구에게

조금 더 놀다 가도 괜찮다고 말하기.

부축해

"화장실 가고 싶어?"

다리에 깁스한 동생을 붙잡고 화장실에 같이 갔어.

몸을 붙들어서 서거나 걸을 수 있게 돕다.　**부축하다**

"막 뛰어다니지 말랬잖아!"
뛰어가다 넘어진 동생을 팔을 잡고 일으켜 세우기.

"우리 저기 앉아서 좀 쉬자."
자전거를 타다가 쓰러진 친구를 붙잡고 같이 걷기.

"일어나 봐. 걸을 수 있겠어?"
공차기하다 헛발질해서 넘어진 친구를 일으켜 세워서
교실까지 같이 걸어가기.

부탁해

목 뒤에 있는 원피스 단추를

언니에게 채워 달라고 말했어.

어떤 일을 해 달라고 청하다. **부탁하다**

신발을 고쳐 신는 동안

친구에게 신발주머니를 좀 들어 달라고 하기.

"틀리면 말해 줘. 알았지?"

구구단을 잘 외우는지 누나에게 봐 달라고 하기.

'나는 아직 안 닿네.'

책장 위에 있는 스케치북을 내려 달라고

엄마한테 말하기.

비꽈

"야, 발차기 대충 하면 검은 띠 따는 거 아니야?"

친구의 기분을 상하게 하는 말을 해 버렸어.

마음을 상하게 할 만큼 비웃는 태도로 놀리다. **비꼬다**

"야, 그것도 턱걸이냐. 그냥 매달리기지."
힘들게 턱걸이를 하는 친구에게 나쁘게 말하기.

축구 시합에서 멋진 골을 넣은 친구에게
얼떨결에 발에 공이 닿은 게 아니냐고 말하기.

"야, 나는 백 개 넘게 하는 사람도 봤어!"
줄넘기를 열 개나 한 친구의 기분을 상하게 하기.

빌려

도서관에 가서 읽고 싶은 동화책을 골랐지.

남의 것을 되돌려 주기로 하고 가져다가 쓰다. **빌리다**

짝에게 먼저 말하고 나서 지우개를 가져다

잘못 쓴 글씨를 지우기.

"잠깐 쓰고 줄게."

언니 방에서 가져온 가위로 색종이를 오리기.

친구에게 말하고 나서

안경 닦는 수건을 가져다가 쓰기.

뽐내

우리 반 대표로 태권도 대회에 나가서

멋지게 발차기를 했어.

우쭐거리면서 자랑하다. **뽐내다**

피아노 연주 대회에 나가
피아노 치는 실력을 보여 주기.

친구들 앞에서 자기 키가
제일 크다고 우쭐거리기.

용돈을 많이 받았다고 동생 앞에서 으쓱거리기.

삐쳐

"너희끼리 실컷 타. 나는 집에 갈래!"

셋이서 같이 자전거를 타기로 했는데

둘이서만 재미있게 자전거를 타서 기분이 안 좋아졌어.

서운하거나 기분이 나빠서 토라지다.　**삐치다**

"쳇, 내 방에 들어오지 마! 문 안 열어 줄 거야!"
엄마, 아빠가 영화관에 가기로 한 약속을 지키지 않아
기분이 나빠져서 토라지기.

"지금, 내 흉 보는 거지?"
이모랑 언니가 내 앞에서 귓속말을 해서 입을 꾹 다물기.

"엄마와 아빠만 얘기할 거면 날 왜 불렀어!"
나만 빼놓고 얘기하는 바람에 말하기 싫어져서 가만히 있기.

사과해

싸우고 나서 며칠 동안 말을 안 했던 친구에게
다시 친하게 지내자고 말했어.

잘못을 인정하고 용서를 빌다. **사과하다**

친구에게 나쁜 말 했던 일을

잘못했다고 말하기.

줄넘기를 그것밖에 하지 못하느냐고 놀렸던 친구에게

미안하다고 하기.

내가 장난을 쳐서 울음을 터뜨린 동생에게

다시는 괴롭히지 않겠다고 약속하기.

사귀어

새로 전학 온 친구와 친하게 지내자고 말했어.

서로 알게 되어 친하게 지내다. **사귀다**

혼자 노는 친구한테 말을 걸고 같이 놀기.
"앞으로 사이좋게 지내자!"

"우리 집에 놀러 와."
새로 이사 온 옆집 동생과 가깝게 지내기.

옆 동 아파트에 사는 수민이랑 자주 만나 어울리기.

상의해

방과 후 교실에서
뭘 할 건지 엄마와 얘기를 나누었어.

서로 생각을 주고받다. **상의하다**

내 한 달 용돈을 얼마로 하면 좋을지
엄마, 아빠랑 같이 이야기하기.

"바다로 갈까, 강으로 갈까?"
가족 여행을 어디로 가는 게 좋을지
엄마, 아빠랑 같이 이야기하기.

"어떤 걸로 하지?"
필통을 사기 전에 어떤 게 더 예쁜지 친구한테 물어보기.

샘내

뭘 해도 예쁘다는 소리를 듣는 언니가

감기에 걸리면 좋겠다고 생각했어.

'병원 갈 만큼은 아니고 콧물을 훌쩍거릴 만큼만!'

부러워하거나 괜히 미워하다. `샘내다`

새 옷 입은 동생을 보고 나도 옷을 사 달라고 조르기.

공부 잘한다고 매번 칭찬받는 친구가
한 번쯤은 지각을 했으면 좋겠다고 생각하기.

앞집 형처럼 좀 착하면 안 되겠느냐는 엄마에게
그 형은 착하기는 한데
축구를 별로 못한다고 말하기.

설득해

용돈이 왜 더 필요한지
엄마, 아빠에게 차근차근 말했지.

잘 설명하거나 타일러서 따르게 하다. **설득하다**

자전거를 안 사 주겠다는 아빠에게
왜 자전거가 필요한지 말하기.

내 물건을 몰래 가져다 쓴 동생에게
다음부터는 미리 얘기하라고 말하기.

"내가 너한테 그런 말을 하면 좋겠니?"
나쁜 말을 하는 친구에게
왜 나쁜 말을 하면 안 되는지 차분히 말해 주기.

속삭여

결혼식에 가서 엄마 귀에 대고
이모의 웨딩드레스가 진짜 예쁘다고 말했지.

작은 소리로 가만가만 이야기하다. **속삭이다**

"어머머, 정말?"

친구와 둘이서 소곤소곤 비밀 이야기를 하기.

수업 시간에 짝꿍의 귀에 대고 배가 아프다고 말하기.

"선생님한테 얼른 이야기해."

"엄마, 사랑해."

엄마 옆에 찰싹 붙어서 작고 예쁜 목소리로 말하기.

속여

실컷 게임을 하다가

엄마가 퇴근하는 때에 맞춰서 공부하는 척했지.

거짓된 말이나 행동을 참이라고 알게 하다. **속이다**

게임하느라 약속을 지키지 않고서
몸이 아파서 어쩔 수 없었다고 친구에게 거짓말하기.

구구단 외우기 연습을 하나도 안 했으면서
계속 외웠다고 선생님에게 이야기하기.

배가 아프다고 거짓말하면서
오빠에게 만들기 숙제를 대신 해 달라고 말하기.

손잡아

'같이 드니까 별로 안 무겁네.'
우빈이와 같이 책상을 들어서 옮겼어.

힘을 합해 무슨 일을 하다.　**손잡다**

옆집과 우리 집 식구들이 모두 나와

골목에 쌓인 눈을 깨끗이 치우기.

"아빠, 생일 축하해!"

동생과 같이 조금씩 용돈을 모아 아빠의 생일 선물 사기.

종현이와 힘을 합해

지나가는 할머니의 짐을 들어 드리기.

"우리, 힘 엄청 세요."

숨겨

엄마 생일을 모르는 척하며
선물도 사고 깜짝 파티도 준비했어.

어떤 사물이나 사실을 남이 모르게 감추다.　숨기다

주사를 맞을 때 속으로는 엄청 떨면서
하나도 안 무섭다고 말하기.

"뭐, 그냥 그래."
상을 받고 나서 막 웃음이 나려 하지만
아무렇지도 않은 것처럼 말하기.

장난치다 망가뜨린 배드민턴 채를
침대 밑에 넣어 두고 모르는 척하기.

아껴

"너 먹어!"
내가 먹고 싶은 쿠키를 동생한테 주었지.

소중하게 여기며 보살피다. **아끼다**

"감기에 걸리면 안 돼!"

물에 젖은 강아지의 털을 말려 주기.

"엄마, 힘들었지?"

늦게까지 일하고 온 엄마를 꼭 안아 주기.

"잘 자! 좋은 꿈 꾸고!"

동생에게 예쁜 베개를 양보하고

나는 조금 덜 예쁜 베개를 베고 자기.

약속해

언니랑 토요일마다 도서관에 같이 가서
책을 읽기로 했어.

다른 사람과 어떤 일을 어떻게 할지 미리 정하다. **약속하다**

"엄마도 나랑 똑같이 해야 해!"

저녁에는 일찍 자고 아침에는 일찍 일어나기로 하고 엄마랑 새끼손가락을 걸기.

"아빠는 왜 씻지도 않고 소파에 누워?"

가족 모두 밖에 나갔다 오면 손발 씻고 옷 갈아입기로 하기.

"이제 지각 안 할게요!"

앞으로는 학교에 늦지 않겠다고 선생님에게 다짐하기.

양보해

"여기 앉으세요!"

버스에서 할아버지에게 자리를 내주고

나는 씩씩하게 서서 갔어.

물건이나 자리 등을 남에게 내주다. **양보하다**

아침에 똑같이 일어난 동생이
먼저 화장실을 쓰게 하기.

내가 하고 싶은 줄넘기 대신
친구가 하고 싶은 배드민턴을 같이 하기.

"치킨 많이 먹고 싶다고 했잖아. 이거 너 먹어!"
하나 남은 치킨을 동생한테 주기.

얕봐

나보다 한 살 어린 옆집 동생이

줄넘기를 잘하지 못할 거라고 생각했는데…….

낮추어서 하찮게 보다. **얕보다**

'나한테는 안 될걸.'

전학 온 친구가 나보다 공을 못 찰 거라고 짐작하기.

"질 거면서 또 하자고?"

동생이랑 카드놀이를 해서 질 리가 없다고 자신만만해 하기.

동민이가 나보다 달리기를 못할 거라고 생각하기.

"너, 뛰어가는 거니, 날아가는 거니?"

어울려

같은 동네에 사는 언니, 오빠와

숨바꼭질을 하며 신나게 놀았어.

서로 사귀어 잘 지내거나 함께 놀다. **어울리다**

"와, 윷이다!"

친척들과 함께 윷놀이하며 설날을 보내기.

아빠 친구 가족이랑

밥도 같이 먹고 물놀이도 같이 하기.

"우리, 겨울에도 같이 놀러 가요!"

우리 동네로 이사 온 친구랑 만나서

놀이터에서 놀기.

오해해

친구가 내 연필을 가져갔다고 생각했는데
집에 와서 보니 가방에 연필이 들어 있었어.

사실과 달리 잘못 알다. **오해하다**

오빠가 내 방을 뒤져 과자를 먹었을 거라고 생각하기.
'헉, 엄마가 내 과자를 먹고 있네.'

'틀림없이 동생이 가져갔을 거야!'
엄마가 내 가위를 쓰고 있다는 걸 모르고
동생이 가져갔다고 생각하기.

색종이가 내 책상 서랍에 들어 있는 줄 모르고
누나가 가져다 썼을 거라고 생각하기.

요구해

엄마한테 새 신발을 사 달라고 말했어.

필요한 것을 달라고 하거나 어떤 행동을 해 달라고 하다.   요구하다

"저, 이제 구구단 외우는 사람이거든요!"
이제 2학년이 되었으니
1학년 때보다 용돈을 올려 달라고 말하기.

"다른 사람들이 널 괴롭히면 좋겠니?"
친구를 괴롭히는 애한테 그러지 말라고 말하기.

토요일에 놀이공원에 가고 싶다고
엄마, 아빠한테 말하기.

용서해

내 공책에 그림을 그린 동생한테 화내지 않고
앞으로는 그러지 말라고 예쁘게 얘기했어.

잘못을 꾸짖거나 벌하지 않고 덮어 주다.   `용서하다`

장난치다가 실수로 내 연필을 부러뜨린 친구에게

화내지 않고 괜찮다고 말하기.

"그건 나쁜 행동이야!"

화가 난다고 물건을 던진 동생에게 사과를 받고

이번 한 번만 봐주기.

말도 안 하고 내 지우개를 가져다 쓴 짝을

이번 한 번만 이해해 주기.

우겨

장난치다가 화분을 넘어뜨려 놓고
끝까지 저절로 넘어져서 깨졌다고 말했어.

의견을 고집스럽게 내세우다. **우기다**

고래는 바다가 아니라
강에만 사는 동물이라고 끝까지 말하기.

우리나라는 아시아에 있지 않고
아프리카에 있다고 끝까지 고집하기.

수업 시간에 실컷 떠들어 놓고
한 번도 말한 적이 없다고 선생님에게 말하기.
"그럼, 떠드는 네 목소리는 어디서 났을까?"

울려

전학 가서도 잘 지내라는 편지를 써서 줬더니
친구가 눈물을 흘렸어.

눈물을 흘리게 하다. **울리다**

엄마, 아빠가 되어 줘서 고맙다고 이야기하기.

"에구, 눈물 나와. 우리 규민이, 다 컸네."

내 과자를 얼른 다 먹고 동생 과자 뺏어 먹기.

"으앙, 형 미워!"

동생이 훌쩍거리며 엄마한테 갈 때까지

나쁜 말을 하기.

웃겨

내가 걸어가면서 뿡뿡 방귀를 뀌니까

친구들이 배꼽을 잡고 키득댔어.

환한 표정으로 소리를 내며 웃게 하다. **웃기다**

개그맨 흉내를 내서 친구들이 깔깔거리게 하기.

앞니에 김을 끼우고 입을 헤 벌려서
동생이 밥을 먹다가 밥풀을 뿜게 하기.

내복 바지가 터진 줄도 모르고
엄마, 아빠 앞에서 엉덩이로 이름 쓰기.

위로해

수학 문제를 일곱 개 틀린 오빠에게

다음에는 더 잘할 수 있을 거라고 말해 주었어.

따뜻한 말과 행동으로 슬픔을 달래다. **위로하다**

"넌 씩씩하니까 곧 괜찮아질 거야."
넘어져서 무릎을 다친 친구에게 다정하게 말해 주기.

콧물을 훌쩍이는 친구에게
금방 감기가 나을 거라고 말해 주기.

엄마한테 야단맞고 방에 들어온 동생을
꼭 안아 주기.

응원해

달리기 시합을 하는 단짝 친구의 이름을
큰 소리로 부르면서 손뼉을 쳤어.

힘을 낼 수 있도록 북돋워 주거나 도와주다. **응원하다**

"잘할 수 있을 거야."

벌벌 떨면서 발표하러 나가는 짝꿍의 등을

토닥토닥 두드려 주기.

"엄마, 할 수 있어!"

컴퓨터 자격증 시험을 보러 가는 엄마의 어깨를 주물러 주기.

"이모, 파이팅!"

취직 시험을 보러 가는 이모한테 두 주먹을 불끈 쥐어 보이기.

의심해

'누가 내 신발을 뒤집어 놨지?'
강아지 뚜찌가 그랬을 거라고 생각했지.

믿지 못하거나 이상하게 여기다. `의심하다`

'누가 내 쿠키를 다 먹었지?'

동생이 내 것까지 다 먹었을 거라고 짐작하기.

'몰래 내 필통을 만졌나?'

짝꿍이 내 연필심을 부러뜨렸을 거라고 생각하기.

놀이터에서 세 시에 만나기로 한 친구가

오늘도 늦을 것 같다고 생각하기.

이해해

내 필통을 떨어뜨린 친구에게

실수니까 괜찮다고 말했어.

남의 사정이나 마음을 너그럽게 받아들이다. `이해하다`

유정이가 엄마 심부름을 다녀오느라
조금 늦게 나왔을 거라고 생각하기.

엄마, 아빠가 일찍 출근해야 해서
김밥 대신 빵을 싸 준 거라고 생각하기.
"저, 소풍 다녀올게요!"

동생이 일부러 그런 게 아니라
실수로 내 운동화를 밟았을 거라고 생각하기.

인사해

전학 간 학교의 친구들에게

사이좋게 지내자고 말했어.

자기를 소개하거나 만나고 헤어질 때 예의를 갖추다. **인사하다**

"내 이름은 김지민이야."

새 학년 첫날 친구들 앞에서 자기소개를 하기.

"잘 가. 내일 또 만나."

친구랑 헤어질 때 손을 흔들기.

1년 동안 가르쳐 준 담임 선생님에게

고맙고 사랑한다고 말하기.

인정해

나보다 줄넘기를 잘하는 성진이를 보며
엄지손가락을 들어 올렸어.

확실히 그렇다고 여기다. **인정하다**

'쟤는 어쩌면 저렇게 말을 잘할까?'
채린이는 정말 발표를 잘한다고 생각하기.

동생이 나보다 방을 깨끗이 쓴다며
고개를 끄덕이기.

"미안해. 사과할게."
내가 잘못했다고 친구에게 말하기.

자랑해

친구들한테 목도리를 보여 주며

우리 엄마가 손으로 뜬 거라고 말했어.

남에게 칭찬받을 만한 것을 드러내어 말하다. **자랑하다**

줄넘기 대회에 나가서 상을 탔다고
엄마, 아빠한테 말하기.

"너, 이런 장난감 처음 보지?"
이모가 외국 여행을 다녀오면서
내 선물을 사 왔다고 친구한테 말하기.

"이 옷, 어때?"
엄마가 새 옷을 사 줬다고 친구들한테 말하기.

잡아떼

우유를 엎질러 놓고

누가 그랬는지 모른다고 말해 버렸어.

한 일을 하지 않았다고 하거나 아는 것을 모른다고 하다. **잡아떼다**

"역시, 게임은 언제 해도 재밌어!"
실컷 게임해 놓고 아까부터 공부만 했다고 말하기.

친구에게 빌린 지우개를 돌려주지 않았으면서
아까 돌려줬다고 거짓말하기.

친구를 못살게 굴어 놓고
그런 적이 없다고 시치미 떼기.

전달해

엄마랑 다툰 아빠가 미안하다고 한 말을
내가 엄마한테 가서 말해 주었어.

말이나 소식을 알려 주거나 물건을 넘겨주다.   **전달하다**

선생님에게 받은 학교 소식지를
아빠한테 가져다주기.

엄마가 접시에 담아 준 오이김치를
옆집 할머니한테 가져다드리기.

"아빠, 귀밑에 거품 묻었어!"
세수하고 나오는 아빠에게 수건을 건네기.

졸라

아직 용돈 받을 날이 되지 않았는데
며칠만 일찍 용돈을 달라고 말했지.

끈덕지게 요구하다. **조르다**

"엄마, 치킨. 아빠, 치킨!"
치킨이 먹고 싶다고 계속해서 말하기.

"내 자전거만 헌 거라니까요!"
새 자전거를 사 달라고 계속 말하기.

"아빠, 로봇 장난감 왜 안 사 줘요?"
새로 나온 장난감을 사 달라고 자꾸 말하기.

좋아해

'왜 이러지? 왜 이렇게 두근거리지?'
그 애를 보면 자꾸 가슴이 콩콩 뛰어.

다른 사람을 마음에 들어 하다. 좋아하다

3학년 때도 지윤이랑
같은 반이 되면 좋겠다고 생각하기.

"언제 올 거니?"
친구 혜민이를 빨리 만나고 싶어서
약속 장소에 일찍 나가기.

정훈이에게 줄 생일 선물을 준비하기.
'예쁜 편지도 써야지.'

주고받아

내가 인사를 하고 선생님도 나한테 인사를 했지.

서로 주기도 하고 받기도 하다. `주고받다`

할머니 댁에서 만난 친척 누나랑
그동안 잘 지냈느냐고 서로 물어보기.

친구는 나한테 연필을 빌려주고
나는 친구한테 지우개를 빌려주기.

엄마가 나한테 귓속말로 속삭이면
나도 엄마한테 귓속말로 속삭이기.
"엄마, 나도 사랑해!"

찬성해

삼겹살을 구워 먹자는 아빠의 말에

두 손을 번쩍 들며 환호했지.

옳거나 좋다고 판단하여 받아들이다. **찬성하다**

파란불이 켜지면 건너가자는 누나 말을 듣고
빨간불 앞에서 가만히 기다리기.

외삼촌 결혼식에 같이 가자는 엄마의 말에
모두 좋아하며 맞장구치기.

용돈을 아꼈다가 크리스마스 때
불우 이웃 돕기 성금을 내자는 엄마 말을 듣고
그렇게 하기로 하기.

참아

동생이 자꾸 짜증을 냈지만
나는 동생한테 화내지 않았어.

애써 억누르거나 잘 견디어 내다. **참다**

수업 시간에 짝이랑 말하고 싶지만
짝한테 말 걸지 않고 조용히 공부하기.

'내가 웃으면 부끄러워할지도 몰라.'
친구가 발표를 이상하게 해서
자꾸 웃음이 나왔지만 웃지 않기.

친구가 실수로 내 발을 밟았지만
아프다고 하지 않고 괜찮다고 말하기.

칭찬해

엄마가 만들어 준 떡볶이가
세상에서 제일 맛있다고 말했어.

좋은 점을 높이 평가하다. **칭찬하다**

아빠가 뚝딱뚝딱 만든 강아지 집이
아주 예쁘고 멋지다고 말하기.

경비원 아저씨를 도와서 다친 고양이를 구한 형에게
멋진 일을 했다고 말하기.

"내 동생 최고!"
그림 그리기 대회에서 상을 받은 동생에게
엄지손가락을 내밀기.

탓해

동생이랑 놀아 주느라
숙제를 못 했다고 엄마에게 말했어.

꾸짖어 나무라거나 원망하다. **탓하다**

내가 늦게 일어나서가 아니라
엄마가 안 깨워 줘서 학교에 늦었다고 생각하기.

앞을 잘 보지 않아서 넘어진 게 아니라
친구가 옆에서 까불어서 넘어졌다고 말하기.

문제를 몰라서 틀린 게 아니라
동생이 떠들어서 틀렸다고 우기기.

털어놔

내가 밀어서 동생이 넘어졌다고 사실대로 말했어.

감추지 않고 모두 이야기하다. **털어놓다**

내가 먼저 나쁜 말을 해서 친구도 나쁜 말을 한 거라고 말하기.

"선생님, 앞으로는 안 그럴게요."

내가 문을 열어 놓고 나가서

강아지가 집을 나간 거라고 사실대로 말하기.

"엄마, 강아지를 아빠가 찾았어요!"

배드민턴 채로 장난하다가

동생 팔을 친 거라고 숨김없이 얘기하기.

피해

엄마와 아빠가 큰 소리로 다투어서

조용히 집 밖으로 나갔어.

마주치거나 만나지 않다. **피하다**

나쁜 형들이 같이 놀자고 할 때

심부름을 해야 한다며 집으로 가기.

장난을 심하게 치는 친구와

줄넘기 연습을 같이 하지 않기.

'나쁜 말을 하는 건 정말 싫어.'

나한테 욕을 두 번이나 한 친구랑 같이 놀지 않기.

함께해

반 친구들이랑 같이 소풍을 갔어.

뜻이나 행동, 경험을 같이하다. **함께하다**

식구들이 모여 저녁밥을 맛있게 먹은 뒤에
오늘 있었던 일을 도란도란 얘기하기.

"우리, 사이좋게 지내자!"
우리 반 친구들이랑 1년을 같이 보내기.

"너도 피아노 배우기로 했어?"
친구랑 같이 피아노 학원에 다니기.

헤어져

우리 고양이가 낳은 새끼 고양이 한 마리를
고모네 집으로 보냈어.

함께 있다가 따로따로 흩어지다. **헤어지다**

"잘 가. 내일 또 같이 놀자!"

친구들이랑 놀이터에서 놀다가 각자 집으로 돌아가기.

문구점에 같이 갔다가

단짝 친구는 집으로 가고 나는 학원으로 가기.

"자주 놀러 와야 해!"

같이 살다가 결혼하게 돼서 이사 가는 이모에게

손을 흔들며 인사하기.

화해해

자전거를 타다가 다투었던 친구들과

다시 친하게 지내기로 했어.

싸움을 멈추고 나쁜 감정을 풀어 없애다. **화해하다**

"언니, 미안해. 내가 잘못했어."

"아니야, 내가 잘못했어."

언니와 서로 사과하고 그만 싸우기로 하기.

토라져서 말을 안 하던 엄마, 아빠랑

같이 깔깔거리면서 웃기.

"휴우, 다행이야!"

다투었던 짝꿍이랑 다시 사이좋게 지내기로 하기.